Mes premiers mots de science

DES MOTS DE LA MÉTÉO

COLLECTION CRABTREE « LES JEUNES PLANTES »

Taylor Farley

CRABTREE
PUBLISHING COMPANY
WWW.CRABTREEBOOKS.COM

météo

(MÉ-té-o)

3

ensoleillé

(AN-so-lèy-é)

nuageux
(NU-a-jeu)

pluvieux
(PLU-vy-eu)

orageux
(O-ra-jeu)

11

venteux
(VAN-teu)

tornade
(TOR-nad)

neigeux
(NÉ-jeu)

brumeux
(BRU-meu)

arc-en-ciel
(ARK-an-syèl)

Glossaire

arc-en-ciel (**ARK**-an-syèl) : Un arc-en-ciel est un arc de différentes couleurs. Les arcs-en-ciel apparaissent quand le soleil brille d'une certaine manière à travers les gouttelettes d'eau dans l'air.

brumeux (**BRU**-meu) : Le temps est brumeux quand on peut difficilement voir dehors. La brume est faite d'eau sous forme gazeuse que l'on ne peut pas voir.

ensoleillé (**AN**-so-lèy-é) : Un ciel ensoleillé a peu ou pas de nuages pour bloquer la lumière du soleil.

météo (**MÉ**-té-o) : La météo décrit comment est l'air à l'extérieur (chaud, frais...). Elle décrit également comment l'air se déplace (vent) et ce qu'il transporte (pluie, neige...).

neigeux (**NÉ-jeu**) : Le temps neigeux se produit quand la neige tombe des nuages.

nuageux (**NU-a-jeu**) : Un temps nuageux c'est quand le soleil est caché par beaucoup de nuages.

orageux (**O-ra-jeu**) : Le temps orageux apporte beaucoup de pluie ou de neige. Il peut aussi y avoir beaucoup de vent, du tonnerre et des éclairs.

pluvieux (**PLU-vy-eu**) : Le temps pluvieux se produit quand la pluie tombe des nuages.

tornade (**TOR-nad**) : Une tornade est une puissante colonne d'air tourbillonnant en forme d'entonnoir. Les tornades sont dangereuses.

venteux (**VAN-teu**) : Le temps venteux se produit quand l'air extérieur se déplace rapidement.

Soutien de l'école à la maison pour les gardien(ne)s et les enseignant(e)s.

Ce livre aide les enfants à se développer grâce à la pratique de la lecture. Voici quelques exemples de questions pour aider le(a) lecteur(-trice) à développer ses capacités de compréhension. Des suggestions de réponses sont indiquées.

Avant la lecture

- Quel est le sujet de ce livre? Je pense que ce livre traite de la météo. Il peut nous renseigner sur les changements de température.
- Qu'est-ce que je veux apprendre sur ce sujet? Je veux en savoir plus sur les vêtements que portent les gens selon la température.

Durant la lecture

- Je me demande pourquoi... Je me demande pourquoi il semble y avoir deux arcs-en-ciel à la page 21.
- Qu'est-ce que j'ai appris jusqu'à présent? J'ai appris que les gens portent des costumes de bain quand c'est ensoleillé et des chandails quand c'est nuageux. Ils portent des bonnets, des manteaux et des mitaines quand le temps est à la neige.

Après la lecture

- Nomme quelques détails que tu as retenus. J'ai appris qu'il est difficile de conduire quand c'est brumeux. Les autos ont leurs phares afin que les autres les voient.
- Écris les mots peu familiers et pose des questions pour mieux comprendre leur signification. Je vois le mot *pluvieux* à la page 8 et le mot *tornade* à la page 14. D'autres mots du vocabulaire se trouvent aux pages 22 et 23.

Crabtree Publishing Company

www.crabtreebooks.com   1–800–387–7650

Version imprimée du livre produite conjointement avec Blue Door Education en 2021.

Contenu produit et publié par Blue Door Publishing LLC dba Blue Door Education, Melbourne Beach Floride É.-U. Copyright Blue Door Publishing LLC. Tous droits réservés. Aucune partie de ce livre ne peut être reproduite ou utilisée sous quelque forme ou par quelque moyen que ce soit, électronique ou mécanique y compris la photocopie, l'enregistrement ou par tout système de stockage et de recherche d'informations sans l'autorisation écrite de l'éditeur

Photographies : p. 2 © Shutterstock.com/Thomas Amby; p. 3 © Shutterstock.com/solarseven, weather symbols © Shutterstock.com/ En min Shen; couverture et p. 5 © Shutterstock.com/ Anton Sterkhov; p 7 © Shutterstock.com/ Lilly Trott; couverture et p. 9 © Shutterstock.com/ A3pfamily; p. 11 © Shutterstock.com/ p. 11 © Shutterstock.com/ Studio 1One; p. 13 © Shutterstock.com/ Neil Lockhart; cover and p. 21 © Shutterstock.com/ Tomsickova Tatyana; p. 23 © Shutterstock.com/ Kichigin; rainbow icon © Shutterstock.com/Solaie; p. 19 © Shutterstock. com/bogdan ionescu ©shutterstock.com/Brian A Jackson www. Shutterstock.com

Imprimé au Canada/042021/CPC

Auteur : Taylor Farley
Coordinatrice à la production et technicienne au prepress : Samara Parent
Coordinatrice à l'impression : Katherine Berti
Traduction : Claire Savard

Publié au Canada par Crabtree Publishing
616 Welland Ave.
St. Catharines, ON
L2M 5V6

Publié aux États-Unis par Crabtree Publishing
347 Fifth Ave
Suite 1402-145
New York, NY 10016

Catalogage avant publication de Bibliothèque et Archives Canada

Disponible à Bibliothèque et Archives Canada